Anónimo

# EL CID CAMPEADOR

## Adaptación: Armonía Rodríguez

**Título original:**
*El Cid Campeador*
Anónimo

**Texto original:**
© 1973-1977 • **ARIEL** • **JUVENIL ILUSTRADA**
Adaptación: Armonía Rodríguez

Tercera edición © 2020 • **ARIEL** • **JUVENIL ILUSTRADA**
Nueva Ventura Aguilera N58-102 y Juan Molineros
Telf.: (+593) 2 328 1868
e-mail: editorial@radmandi.com
www.radmandi.com
Quito–Ecuador

**Coordinación general:** Lucas Marcelo Tayupanta
**Dirección del proyecto:** Xavier Tayupanta Cárdenas
**Corrección de estilo:** Jonathan Tayupanta Cárdenas
**Ilustración de portada:** Nelson Jácome
**Ilustraciones:** Eduardo/72
**Diseño y diagramación:** Xavier Tayupanta Cárdenas

**ISBN:** 978-9978-18-165-2

# CONSEJO EDITORIAL DE HONOR

# EL CID CAMPEADOR: PRIMERA CANCIÓN DE GESTA ESPAÑOLA

El siglo XII marca el nacimiento de la literatura castellana, gracias a los poetas anónimos que iban de pueblo en pueblo, recorriendo la península ibérica y cantando los grandes episodios nacionales y las historias de los héroes y los santos. El pueblo los llamaba *juglares* y a su profesión se le puso el nombre de mester de juglaría u oficio de juglares. Ellos fueron los primeros poetas populares, pues venían del pueblo e iban hacia él. Recogían sus historias y leyendas, reunían sus canciones y las iban diciendo luego, al calor de las fogatas de las plazas públicas o el amor de los hogares. El pueblo, que se identificaba con sus héroes, sumaba nuevos episodios a las historias, las enriquecía, embelleciéndolas y ennobleciéndolas, hasta que en determinado instante ya la canción popular no tuvo dueño: era el canto de todos los españoles.

El mester de juglaría debió tener mucho también de magia, ser también oficio de prestigiadores, profesión de narradores caminantes. Ser juglar debió ser también «poeta y peregrino». Casi dijera que estos poetas que no firmaban sus poemas fueron los verdaderos historiadores de España, sueltos por los caminos, aventados hacia los cuatro puntos cardinales, empeñados en la tarea de configurar el rostro de su patria.

De estos personajes y de estos testimonios, nacieron los llamados cantares de gesta, largas narraciones escritas en verso —generalmente verso rudo, sin perfección formal, pero pleno de fuerza— acerca de importantes episodios españoles.

El máximo y primer cantar de gesta hispano es el *Cantar del Mio Cid* o *Poema del Cid Campeador*, nacido de la inspiración popular, más o menos por el año 1140. El héroe del poema es Rodrigo Díaz de Vivar, personaje que vivió en el siglo XI y que se distinguió ejemplarmente en las batallas de la Reconquista. El Cid murió en el año 1099, y cuarenta años después corría ya por las tierras castellanas la canción de sus hazañas.

El poema original (del que la adaptadora realiza únicamente una síntesis argumental, al alcance de jóvenes y niños) comprende tres partes: 1) El destierro del Cid por orden de Alfonso VI de Castilla y el comienzo de sus campañas bélicas contra los moros; 2) La reconciliación de Rodrigo Díaz de Vivar con el rey y las bodas de las hijas del héroe con los infantes de Carrión, y 3) El cobarde abandono de las hijas del Cid por los infantes de Carrión y el duelo que estos sostienen con los paladines del Campeador. Luego, la derrota de los infantes y el matrimonio de las jóvenes con los infantes de Navarra y Aragón.

*El Cid Campeador* representa —como arquetipo que es— las más altas cualidades del pueblo castellano: el espíritu caballeresco, la nobleza e hidalguía, la franqueza, el amor patrio, la entereza moral y la inquebrantable valentía, entre otras virtudes. De allí su enorme influencia

en la conformación del sentimiento nacional y del carác-
ter hispanos.

Rafael Díaz Ycaza

# El Cid Campeador

# CAPÍTULO I

En el tercer siglo de la Reconquista española contra el islam, contado desde la batalla de Covadonga —donde los cristianos ofrecieron por primera vez una resistencia seria a la ola invasora—, vino a este mundo, en Vivar, en el año 1048, Rodrigo Díaz, quien más tarde pasaría a la historia con el nombre glorioso de Cid Campeador.

Reinaba entonces en Castilla y León el rey Fernando I, que había conseguido unir las dos coronas, logrando así que los reinos peninsulares afianzaran su posición frente al moro. Al mismo tiempo, los reinos cristianos aspiraban a ensanchar sus fronteras a expensas de los territorios dominados por los árabes.

Por otra parte, había disminuido el ímpetu de las primeras conquistas árabes con la desaparición de un gran héroe, guerrero de la Media Luna, Almanzor, cuya muerte favorecía los deseos de expansión de los reinos cristianos.

El padre de Rodrigo Díaz era un noble de gran valía en la corte del rey Fernando I, y sus hijos recibieron la educación esmerada que correspondía a los hijos de los grandes señores en aquella época.

A tal punto estimaba el rey al padre del héroe de nuestra historia que permitió que este se educase en compañía de sus dos hijos, Sancho y Alfonso.

Y esta permanencia junto a los dos infantes reales permitió que se desarrollase una gran amistad entre Rodrigo y el primogénito del rey, Sancho. Una amistad que quedará patente a lo largo de esta historia.

Ningún hecho importante marca la vida del Cid Campeador hasta sus diez años. (Por el *Cantar de Mio Cid*, primer gran hito de la historia de la literatura castellana, sabemos de este suceso, que sin duda marcó una pauta muy importante en la vida de nuestro protagonista).

Jugaba el niño en compañía de sus dos reales amigos en los jardines del palacio de Fernando I, cuando un gran alboroto se organizó en su interior.

Atraídos por aquellas voces, los tres infantes se presentaron en el salón del trono a punto de ver que un reo de delito mayor era llevado a presencia del monarca para, como correspondía a las leyes de aquella época, ser juzgado.

Este hecho impresionó mucho al niño que, adelantándose hacia Fernando I, le preguntó:

—¿Qué ocurre, señor…?

—¿No lo sabes, Rodrigo…? Pues ven, adelántate. Conocer estas cosas también debe formar parte de tu educación.

—Pero ¿quién es ese hombre que está postrado ante vos, majestad? —volvió a insistir el niño.

—Es un reo de delito mayor, Rodrigo. Le han traído ante mí para que yo administre justicia después de escuchar las dos partes en litigio.

—¿Y le condenaréis, señor?

—Si es culpable, sí.

—¿Y cómo sabréis si es culpable?

—Ya te lo he dicho: escuchando las dos partes en litigio.

—Pero alguna os puede engañar. ¿Cómo lo sabréis?

—Ahí tiene que residir la sabiduría de un juez, Rodrigo. En saber descubrir la verdad a través de las palabras, falsas o verdaderas, de las dos partes oponentes.

—Difícil cuestión, señor.

El rey quedó muy sorprendido por estas reflexiones de un niño de tan corta edad, y después, como si se le ocurriese una idea, de pronto dijo:

—¿Crees que tú sabrías descubrir esa verdad, Rodrigo?

—No lo sé, señor —respondió el niño—, pero lo intentaría.

—Pues ven a mi lado —le ordenó el soberano—. Hoy vas a ser tú el juez de esta causa.

Rodrigo se quedó muy sorprendido y, asustado, retrocedió un paso al tiempo que decía:

—¿Yo, señor…?

—Sí, tú. ¿Acaso tienes miedo?

El niño se irguió y replicó al monarca:

—No.

Todos los asistentes tenían puesta la vista en el niño que, ahora, se adelantó hacia Fernando I.

—Ven. Colócate a mi lado —le ordenó el rey—. Pero, aunque yo esté junto a ti, no intervendré en este juicio. Tu decisión será acatada por mí, sea la que fuese. Afánate, pues, en dictar la sentencia con justicia.

El niño tembló un instante como si en aquel momento tomase conciencia de lo que se exigía de él. Tampoco estaba seguro de que el monarca cumpliera

Rodrigo se educó junto a los propios hijos de rey.
¿No oís el ruido que vie-ne de la sala del trono?
¿Qué será?
Vamos a ver.
Se trataba del juicio de un reo de delito mayor.
¿Cómo sabrá si es culpable?

su palabra. Tenía la impresión de que el rey y toda la corte se estaban divirtiendo a su costa.

Pero todas aquellas reflexiones sirvieron para aumentar su seguridad y su orgullo. Por eso, con voz firme, dijo:

—¡Que comience el juicio! ¡Quiero oír a las dos partes en litigio!

En el salón del trono, reinaba un silencio expectante. Todo el mundo estaba pendiente de las palabras de Rodrigo y no pocos se preguntaban si el rey no había obrado con demasiada ligereza.

Aquel era un juicio de importancia y era evidente que el reo se merecía la última pena. A menos que Fernando I hubiera decidido ya aplicar la clemencia al delincuente, no se comprendía su actitud.

Era evidente que un niño de tan corta edad como Rodrigo sería incapaz de descubrir la auténtica verdad de los hechos y que se dejaría impresionar por las palabras que el propio reo tenía derecho a pronunciar en su descargo, incitándole a la clemencia.

Pero, a medida que el juicio iba avanzando, todo el mundo se sorprendía de las sagaces preguntas que Rodrigo iba formulando a las dos partes en litigio, con el fin de descubrir la verdad de los hechos.

Y tras una dilatada confrontación, llegó el momento de dictar la sentencia. Se sumió Rodrigo en un mutismo prolongado y, por fin, a ruegos del monarca que le instaba para que dictase la sentencia, dijo:

—¡El reo es culpable de los delitos que se le acusa! ¡Merece ser castigado! ¡Yo le condeno a la última pena!

Un intenso rumor recorrió el salón al tiempo que los asistentes se miraban sorprendidos de que el niño

Al enterarse el rey de la preocupación de Rodrigo...
Rodrigo, hoy serás el juez de esta causa. ¡Aceptaré como bueno tu veredicto!
Una terrible duda se apoderó del corazón del niño...
Si lo perdono y es culpable, se creerá que no he tenido valor para condenarlo. Si lo condeno y es inocente...

hubiera podido dictar una sentencia digna del propio rey. El mismísimo Fernando I no dejó de extrañarse, pues nunca hubiera esperado una sentencia tan tajante por parte de Rodrigo, a pesar de que el reo se la merecía. Por eso, volviéndose al muchacho, le preguntó:

—Dime, Rodrigo, ¿por qué has condenado a la última pena al reo…?

El niño le miró fijamente y repuso después:

—Porque se la merecía. ¿Acaso no hubiera sido esa vuestra sentencia si hubierais tenido que juzgar, majestad…?

—Seguramente —replicó el rey—. Sin embargo…

Pero el monarca no pudo continuar, pues el niño respondió:

> No me culpéis si he hecho
> mi justicia y mi deber,
> pues, aun siendo pequeño,
> me nombrasteis por juez.
>
> Entre todos me escogisteis
> por de más madura sien,
> para que hiciera derecho
> de lo hecho mal y bien.
>
> No hagáis desaguisados
> si al reo condené,
> que en hombres ese delito
> no causa ninguna prez.
>
> Cuando de veras me pago,
> de las burlas no cuidé,

que el que pugna por la honra
enemigo de ella fue.

Atended, que la justicia,
en burlas y en veras, fue
vara tan firme y derecha
que no se pudo torcer.

Verdad entre burla y juego,
como es hija de la fe,
es peña que al agua y viento
para siempre está de un ser.

Y recuerdo que mi abuelo,
que en buen siglo su alma esté,
muchas veces me decía
lo que ahora escucharéis:

«El hombre en sus mocedades
siempre debería aprender
el hacer siempre a derecho
cuando en más burlas esté».

Así lo hice yo esta vez,
y creo que lo hice bien,
que sigo a un abuelo honrado
que nadie se quejó de él.

Se quedó el rey muy pensativo después de escuchar
las palabras de Rodrigo, y después, dando unas palmadas
en el hombro del muchacho, le dijo:

—¡Tu sentencia es digna de un hombre profundamente conocedor de las leyes de nuestro reino! Tal y como te he prometido, la doy por buena.

Dando media vuelta, y seguido de los caballeros de su séquito, abandonó el salón.

Rodrigo quedó solo en la inmensa estancia. Paseó su vista por toda la habitación y después, con las manos cruzadas en la espalda y la cabeza hundida entre los hombros, salió al jardín para reunirse con sus compañeros. Pero aquel día ya no pudo jugar.

¡Parece mentira, un niño tan pequeño...!
Todos quedaron admirados de la sagacidad que demostró durante el interrogatorio.
Pero...
¡oh...!
Yo te declaro culpable y te condeno a la última pena. .

# CAPÍTULO II

Los años fueron pasando plácidamente para Rodrigo, sin que ningún otro episodio digno de mención viniese a enturbiar la existencia de nuestro protagonista, pese a que la Reconquista estaba en todo su apogeo.

La corta edad del muchacho le mantenía todavía alejado de los hechos de armas.

Sin embargo, no tardaría en esgrimir su espada contra un enemigo. Su contrincante no sería, precisamente, un moro, sino un noble tan noble como su padre, brazo derecho en la guerra del rey de León: el conde Lozano.

Un día se estableció una discusión violentísima entre el padre de Rodrigo y el conde Lozano, que había tenido su principio en una disputa surgida entre los siervos de ambos nobles.

La reyerta adquirió tales proporciones que el conde Lozano, perdiendo el control de sí mismo, abofeteó sin contemplaciones a Diego Laínez, padre de nuestro héroe, quien se quedó mudo de asombro y, después de los primeros momentos de perplejidad, llevó su mano a la espada.

Pero, si el conde Lozano era joven, fuerte y arrogante, Diego Laínez era ya un hombre viejo, incapaz de enfrentarse con las armas a su rival para vengar la ofensa. Sin embargo, aquel agravio no podía quedar impune.

El padre del Cid reunió a todos sus hijos y habló de esta manera:

—Hijos míos, el conde Lozano me ha abofeteado, infiriendo así una ofensa terrible, no solamente a mi persona, sino a todos aquellos que llevan mi propia sangre en las venas.

»Y la sangre de los Laín, hijos míos, pide venganza a gritos. Mas yo ya soy viejo para enfrentarme con el conde Lozano. A uno de vosotros le corresponde vengarme.

Un clamor de indignación se extendió por la estancia donde Diego Laínez había reunido a sus hijos. ¡Todos querían vengar la ofensa que su padre había recibido!

Sin embargo, el anciano, haciendo un gesto para imponer silencio, siguió de esta manera:

—Comprendo vuestra indignación, hijos míos. Sin embargo, no todos podéis ir a ese combate. Solamente uno debe enfrentarse con el conde. ¿Cuál debe ser…? Ese es ahora el gran dilema en el que me encuentro.

—Ordena tú cuál de nosotros quieres que te vengue, padre —intervino el hijo mayor—. Tu decisión será una orden para nosotros.

—No, hijo mío. Yo no señalaré a ninguno de vosotros. No puedo imponer de esta manera tan arbitraria.

—Entonces, ¿qué nos propones? —preguntó otro de los hijos.

El padre reflexionó un momento y después dijo:

—Propongo que se establezca una prueba entre todos vosotros. ¡Una prueba de armas sin llegar a la suerte final! ¡Aquel de vosotros que resulte vencedor deberá vengar la ofensa infligida a nuestra familia! ¿Qué me respondéis…?

Aquel hecho que le planteó a Rodrigo el problema de la justicia lo marcó para toda su vida.

No lo sé, hermano.

¿Sabéis para qué nos ha convocado nuestro padre?

Hijos míos, los he reunido aquí porque alguno de vosotros debe vengarme. El conde Lozano me ha deshonrado... Y yo soy muy viejo para enfrentarlo en combate singular.

La respuesta de sus hijos fue aprobatoria. Así los mozos se dispusieron a pasar aquella prueba que su padre exigía para enfrentarse con el conde Lozano. ¡Todos participaron en ella, incluso Rodrigo a pesar de sus pocos años!

Y quiso la buena o la mala fortuna que nuestro héroe resultase vencedor en aquella prueba. Así, pues, él debía vengar a su padre y enfrentarse con el conde Lozano.

Y llegó el día en el que el reto debía cumplirse.

Pensativo está Rodrigo,
viéndose de pocos años,
para vengar a su padre,
matando al conde Lozano.

Miraba al bando enemigo
del poderoso contrario,
que tenía en las montañas
mil amigos asturianos.

Miraba cómo en las Cortes
del rey de León, Fernando,
era su voto el primero,
y en guerras mejor su brazo.

Todo le parecía poco,
respecto de aquel agravio,
el primero que se hizo
a la sangre de Laín Calvo.

Al cielo pide justicia,
a la tierra pide campo,

Dinos a quién escogerás!
¡Calma!
¡Yo pelearé por ti, padre!
He decido que luchéis de forma amistosa entre vosotros. El vencedor será el paladín de nuestro nombre.

al viejo padre, licencia,
y a la honra, esfuerzo y brazo.

No cuida de su niñez,
que en naciendo es acostumbrado
a morir por casos de honra,
el valiente hijo del hidalgo.

Descolgó una espada vieja
de Mudarra el castellano,
que estaba vieja y mohosa
por la muerte de su amo;
y, pensando que ella sola
bastaba para el descargo,
antes que se la ciñera,
así le dice turbado:

—Sabe tú, valiente espada,
que es de Mudarra mi brazo
y que con sus brazos riñes,
porque suyo es el agravio.

Bien sé que te correrás
de verte así en la mía mano,
mas no te podrás volver
de volver atrás un paso.

Tan fuerte como tu acero
me verás en campo armado,
segundo dueño has cobrado
tan bueno como el primero.
Y, cuando alguno te venza,

del torpe hecho enajenado,
hasta la cruz en mi pecho
te esconderé muy airado.

Vamos al campo, que es hora
de dar al conde Lozano
el castigo que merece
tan infame lengua y mano.

Rodrigo ciñó la vieja espada a su cintura y, ayudado por sus hermanos, montó sobre un caballo lujosamente enjaezado.

Después, tomó la lanza que su padre le tendía y, alejándose de las filas de los suyos, salió al campo donde debía tener lugar la lid.

El conde Lozano, por su parte, también abandonó la fila de los suyos. Su hija, Jimena, que le había acompañado, tendió los brazos a él al tiempo que le rogaba:

—Sabed guardaros, padre. Vuestro contrincante es más joven que vos.

—No pases pena, hija. ¡Le venceré!

Poco a poco, los dos jinetes se fueron acercando.

A un toque de trompeta, ambos contendientes prepararon su lanza y poco después, a una segunda señal, lanzaron sus caballos al galope. Y, antes de que se cruzaran en el campo, las dos lanzas chocaron con los escudos, partiéndose después por la mitad sin que ninguna consiguiera desmontar a su adversario.

Volvieron a grupas los dos jinetes y se dispusieron a enfrentarse de nuevo, esta vez con las espadas en la mano.

Rodrigo fue el elegido para defender el nombre de su familia.
¡Que la suerte te acompañe!
No temas, padre.
Y al otro lado del campo...
No temas, Jimena.
¡Padre, tened cuidado! Dicen que ese Rodrigo es muy fuerte.

Jimena, rodeada de los caballeros leales a su padre, seguía el torneo con el corazón atormentado por un fatal presentimiento.

En la otra parte del campo, el padre y los hermanos de Rodrigo observaban las incidencias del combate, no atreviéndose siquiera a respirar.

Por un momento, la mirada de los dos guerreros se cruzó antes de que sus espadas chocaran produciendo un ruido metálico y estridente.

Una y otra vez, los dos aceros se encontraron. Y por fin, en una arremetida de Rodrigo, su acero encontró la carne de su enemigo.

El conde Lozano lanzó un grito de agonía y, levantando los brazos al cielo, dejó caer su espada al tiempo que él mismo se precipitaba desde el caballo.

Un segundo grito se extendió por el campo: era el de Jimena que, al ver caer a su padre, corrió desesperada hacia el lugar donde se había desarrollado el encuentro, cogiéndose la cabeza con las manos.

En el preciso momento en que Rodrigo vio a la muchacha inclinándose sobre el cuerpo sin vida de su padre, se dio cuenta de que había matado a su adversario. Una lucha de sentimientos contradictorios se entabló en el fondo de su ser.

Sentía Rodrigo una inmensa alegría de haber vengado la ofensa que el conde Lozano había infligido a su padre. Pero los lamentos de aquella joven, a la que no conocía, le partían el alma produciendo en su corazón un dolor inmenso.

Tentado estuvo de bajar del caballo y alzar a aquella joven del suelo para consolarla. Pero, antes de ello,

Y los dos contendientes galoparon para encontrarse en el campo...
GONG
GONGS
GONG
... pero la primera embestida no le dio el triunfo a ninguno.

¡Bravo, Rodrigo! ¡El conde no te ha derribado!
¡Toma!
Vengaré nues-ro honor!
¡Detén este golpe si puedes, jovenzuelo!
CLOC
CLAC

¡Toma!

El honor de nuestra
familia está vengado.

¡Padre...!

su mirada se cruzó con la de la joven, que había apartado la cara del pecho herido de su padre.

En aquellas pupilas se había reflejado tanto odio que el miedo que no había sentido frente a la espada y la lanza del conde Lozano se apoderó ahora de todo el ser de Rodrigo, paralizándolo.

—¡Maldito! ¡Maldito seáis, Rodrigo! ¡Maldito seáis para siempre, Rodrigo Díaz de Vivar! ¡Maldito por haber quitado la vida a mi padre!

Rodrigo sintió como si una espada de mil filos le atravesase el pecho al escuchar aquellas palabras, e hizo retroceder a su caballo, asustado, al ver que la joven se ponía en pie y cerraba sus puños con fuerza…

—¡Nunca la olvidaré! ¡Mi odio os seguirá hasta el fin de vuestros días, Rodrigo! ¡Nunca lo olvidéis…!

Y después, vencida por el profundo dolor que sentía, la joven se desplomó sobre el suelo mientras un violento llanto sacudía todo su cuerpo.

Corrieron a socorrerla los amigos de su padre, y Rodrigo ya nada pudo hacer, pues él mismo estaba siendo rodeado y felicitado por sus familiares y amigos.

—¡Has vencido, Rodrigo! ¡Has vencido! —le decía su padre, loco de contento.

—¡Has vengado la ofensa que el conde hiciera a nuestro padre, hermano! ¡Felicitémonos en este día de gloria!

Pero Rodrigo no podía apartar la mirada de aquella joven a la que había producido tanto dolor.

—¡Has vencido, Rodrigo! —le decían sus amigos.

—Sí, sí… He vencido… —murmuraba nuestro héroe—. Pero esta joven…, la hija del conde…, ¡está llorando!

—Él podía haberte matado a ti, hijo —le contestó su padre—. Entonces seríamos nosotros los que lloraríamos tu muerte.

«Ojalá hubiera sido así», se dijo para sí Rodrigo, no atreviéndose a exteriorizar sus verdaderos pensamientos. ¡Tal vez nadie lo hubiera comprendido!

El corazón de Rodrigo se encogió cuando...
¡Padre, padre! ¡Te han matado!
... sus ojos llenos de odio buscaron al culpable.
¡Nunca perdonaré esta sangre derramada!

# CAPÍTULO III

La muerte del conde Lozano, brazo derecho en la guerra de Fernando I, dio a Rodrigo gran fama en la corte castellana. Sin embargo, a partir de aquel episodio, Rodrigo ya no fue el mismo de antes. ¡Jamás pudo olvidar los ojos cargados de odio de doña Jimena que le miraban mientras seguía abrazada al cuerpo de su padre muerto!

Sin saber por qué, el joven se despertaba angustiado por las noches viendo aquel rostro lloroso y sorprendiéndose a sí mismo pronunciando un nombre: «Jimena».

Y, en su deseo de reparar el daño que a la joven había ocasionado, concibió la idea de casarse con ella.

Pero Jimena nada quería saber de este enlace. Y a todos los requerimientos que le hizo Rodrigo para ser recibido por ella, la hija del conde Lozano respondió negativamente. No obstante, Rodrigo no se dio por vencido y no perdía la menor ocasión que se le presentaba para cortejar a la joven, pese a que ella, asturiana y de linaje real, era de casa mucho más noble que la de Rodrigo.

Al ver la joven que Rodrigo no se desalentaba ante sus negativas, decidió pedir la intervención del rey Fernando I, rey de León y Castilla.

> Delante del rey de León,
> doña Jimena una tarde

¡Triunfaste, hermano!
Sí... Pero jamás podré olvidar sus ojos cargados de tanto odio.
¡Has vencido!
El recuerdo de Jimena lo perseguía día y noche.
¡Jimena!

se fue a pedir justicia
de la muerte de su padre.

Para con el Cid la pide
don Rodrigo de Vivar,
que huérfana la dejó,
niña de muy corta edad.

—Si tengo razón o no,
buen rey, lo alcanzas y sabes,
que los negocios de honor
no pueden disimularse:
cada día que despunta,
veo al lobo de mi sangre,
caballero en su caballo,
por darme mayor pesar.

Mándale, buen rey, pues puedes,
que no me ronde la calle,
que no se venga en mujeres
el hombre que mucho vale.

Si mi padre ofendió al suyo,
bien ha vengado a su padre,
que, si honras pagaron muerte,
para su disculpa baste.

Encomendada me tienes,
no consientas que me agravien,
que lo que a mí se me hiciere,
a tu corazón se hace.

—Callad, doña Jimena,
que me dais pena muy grande,
que yo daré buen remedio
para todos vuestros males.

Y con la promesa del rey Femando I de que tomaría cartas en aquel asunto, Jimena abandonó la estancia real confiando de que no volvería a ver a Rodrigo Díaz de Vivar.

Pero Jimena se equivocaba, pues ella no sabía entonces que no tendría más remedio que casarse, un día, con el propio verdugo de su padre. Esta ceremonia, sin embargo, tendría lugar mucho después, siguiendo a grandes acontecimientos políticos que se desarrollaron en aquella época.

* * *

Ocurrió que, en el año 1065, Fernando I murió con graves consecuencias para los reinos de Castilla y de León, que habían estado unificados bajo su reinado.

El monarca dispuso que, al morir él, su reino fuese repartido entre todos sus hijos.

Y, en esta distribución, Sancho II, su primogénito, debía heredar el reino de Castilla y los otros reinos moros tributarios entre los que figuraba, principalmente, el de Zaragoza.

Alfonso VI, el segundo hijo, heredó a la muerte de su padre el reino de León.

De esta forma se dividieron otra vez los dos reinos.

El tercer hijo de Fernando I, García, pasó a gobernar el reino de Galicia y heredó, igualmente, las posesiones que su padre había tenido en Portugal.

Por último, doña Urraca y doña Elvira recibieron los reinos de Zamora y Toro.

Este desmembramiento de los reinos cristianos ocasionó toda una serie de luchas fratricidas, en las cuales Rodrigo Díaz de Vivar participó activamente.

Como íntimo amigo del rey Sancho II, Rodrigo fue ocupando puestos cada vez más importantes en la Corte de Castilla, hasta que fue nombrado alférez del reino, cargo de gran importancia y distinción.

Entre las obligaciones que le confería su cargo, Rodrigo mandaba los ejércitos del rey, siendo además el portaestandarte de la enseña monárquica y guardador personal de la espalda real.

Los hechos de armas, en los que participó desde entonces, fueron numerosos, y todos para dar gloria al rey, destacándose desde ese momento como un gran guerrero y estratega.

El hecho más relevante en el que participó, y que le valió el adjetivo de Campeador, fue la batalla sostenida en defensa de los derechos del reino de Castilla, frente a las pretensiones del rey de Navarra, Sancho García, que reivindicaba para sí la posesión de ciertos castillos enclavados en la mismísima frontera de los reinos castellano y navarro.

Y, como la lucha se hacía interminable, ambos monarcas decidieron dar fin a esta antigua querella a través de un «Juicio de Dios».

En la Edad Media, los «Juicios de Dios» eran combates habituales entre los paladines representantes de bandos en litigios. Se trataba de que ambos paladines se enfrentasen en el campo, en un combate singular.

El vencedor era considerado como el que tenía la razón, ya que Dios estaba de su lado, al salvarle la vida.

Fue en este juicio donde tomó parte el Cid Campeador como paladín del rey de Castilla, enfrentándose con el caballero Jimeno Garcés, quien defendía los intereses del rey de Navarra.

Y el «Juicio de Dios» se inclinó del lado de don Rodrigo Díaz de Vivar.

A partir de entonces, la fama del Cid Campeador fue creciendo más y más, participando en muchas acciones de guerra contra los moros y también con los reinos cristianos, enemigos del rey de Castilla, ganando para sí la fama de invencible que le acompañaría toda su vida.

Ocasiones de templar su brazo en la guerra no le faltaron a nuestro héroe. Las relaciones entre los herederos de Fernando I se iban agravando cada vez más, teniendo lugar entre todos los hermanos diferentes guerras de conquista.

Sancho, al igual que su padre, ambicionaba reunir bajo un solo cetro los reinos cristianos, pero no estaba dispuesto a ceder la corona a ninguno de sus hermanos, alegando que él era el primogénito.

La guerra estalló cruelmente.

A orillas del río Pisuerga, Sancho y Alfonso se enfrentaron, y la victoria favoreció a los castellanos.

Pero esta batalla no ocasionó ningún cambio decisivo entre los reinos de León y Castilla. Poco tiempo después, Alfonso y Sancho firmaron la paz y se pusieron de acuerdo para despojar a su hermano García del reino de Galicia.

Y fue precisamente en el marco de esta tregua que, para sellar la reconciliación y el estrechamiento entre los reinos de León y de Castilla, fue decretada por los monarcas, según las costumbres de la época, la boda de doña Jimena con Rodrigo Díaz de Vivar.

* * *

Cuando esta decisión real le fue comunicada a doña Jimena, esta montó en cólera.

—¡Nunca! ¡Jamás! —gritó la joven—. ¡Jamás me casaré con el hombre que mató a mi padre!

En vano trataron sus familiares y los enviados del rey de calmar a la joven. Esta, como presa de un ataque de ira, seguía gritando:

—¡Y, si el rey me ordena que me case con él y todos me obligan a este enlace, sabed que la misma noche de la boda clavaré este puñal en el pecho de don Rodrigo Díaz de Vivar para vengar así la muerte de mi padre!

En las palabras de la muchacha había tal determinación que nadie dudó de que llevaría a cabo su amenaza. ¡Nadie lo dudó! ¡Ni siquiera el Cid!

Cuando a este le fueron comunicadas las palabras de Jimena, respondió:

—Si la noche de boda Jimena me clava ese puñal que me tiene prometido, será una señal evidente de que el amor que siento por ella no habrá sido capaz de fundir su odio.

—¿Entonces…? —le preguntaron sus familiares y amigos—. ¿Estás dispuesto a casarte con ella?

—Si esa es también la voluntad del rey, sí. ¡Yo no deseo otra cosa!

Y la boda, pese a la resistencia de Jimena, quedó concertada.

en tiros nuevos traía,
que costaron buenos cuartos.
Más galán que cien galanes,
baja el Cid famoso al patio,
donde rey, obispo y grandes
en pie estaban aguardando.

Mientras tanto, la novia, más pálida que si estuviera muerta, llegó al lugar donde debía celebrarse la unión.

De paño de Lourdes fino
era el vestido bordado,
unas garnachas muy juntas
con un chapín colorado,
un collar de ocho patenas
con un San Miguel colgado,
que apreciaron una villa,
solamente de las manos.

Cuando Rodrigo vio que la novia caminaba hacia él, tembló de pies a cabeza. Tenía miedo de enfrentarse de nuevo con aquella mirada que tanto le había impresionado. Y el guerrero valiente que se ganó la fama de invencible, que en tantas batallas había participado con arrojo y gallardía, hubiera querido poder encontrar, en aquel momento, un lugar donde esconderse.

Lenta pero inexorablemente, Jimena caminaba hacia él.

Traía la mujer la cabeza baja, hundida entre los hombros, y las manos cruzadas en el pecho en actitud orante. En lugar de caminar hacia el altar donde debía celebrarse su boda, parecía que se dirigiera hacia su suplicio.

Rodrigo hubiera querido en aquel momento interrumpir la ceremonia. Inexplicablemente acudieron a su memoria imágenes que ya suponía olvidadas.

Creyó ver, de nuevo, su propia espada clavándose en el pecho del padre de doña Jimena. Le pareció oír el grito de agonía que lanzó el conde Lozano antes de morir. Revivió el momento en que la muchacha, abandonando a los suyos, se lanzó sollozante hacia el cuerpo de su padre, herido de muerte. ¡Y le pareció ver de nuevo aquella mirada cargada de odio! ¡Sí! ¡Le pareció que los ojos de doña Jimena se clavaban en los suyos como si quisieran atravesarlos! ¡Y esto ya no era una alucinación!

Efectivamente, doña Jimena había llegado hasta él y, levantando la cabeza, tenía fija su mirada en los ojos del Cid.

¡El mismo odio que la había animado antaño cubría también ahora las pupilas de la joven!

El Cid Campeador no pudo soportar aquella mirada y se cubrió los ojos con la mano.

Después, lentamente, apartando su diestra de la cara y mirando a Jimena, le dijo:

> Maté a tu padre, Jimena,
> pero no a desaguisado,
> lo maté de hombre a hombre,
> para vengar cierto agravio.
> Maté hombre, y hombre doy,
> aquí estoy a tu mandato,
> y en lugar del muerto padre
> cobrarás marido honrado.

Ella nada dijo, pero apartó su mirada de él. Y se dio comienzo la ceremonia.

La boda del Cid con doña Jimena se celebró de acuerdo con la sencillez y la sobriedad propias de aquella época, y también con las costumbres imperantes en el reino de Castilla. La noche de la boda, doña Jimena no clavó aquel famoso puñal que tenía destinado para el pecho del Cid...

> Porque las enemistades viejas
> con amor las olvidaron:
> que donde mejor reside amor
> se olvidan muchos agravios.

Esto estrechará los lazos con mi hermano Alfonso, rey de León. Decidle a Rodrigo que acepto su petición.
La boda se celebró a pesar de la contrariedad de Jimena...
Aún veo en sus ojos aquel odio...

# CAPÍTULO IV

La tregua que Sancho y Alfonso habían firmado no duró mucho tiempo. Tan solo habían pasado tres años de la batalla de Llantada, aquella que se desarrolló a orillas del río Pisuerga, cuando ambos hermanos se enfrentaron de nuevo, esta vez en Golpéjar.

Rodrigo, que había jugado de pequeño con los dos hermanos y que por ambos tenía gran estima, hubo de nuevo de tomar partido por Sancho.

El día comenzaba a levantarse cuando ambos ejércitos ya estaban preparados para entrar en combate frente a las aguas del río Carrión.

El Cid, al lado de Sancho, comentaba con su rey cómo creía que debía llevarse la batalla.

La oscuridad de la noche se disipó completamente y, a la tenue claridad que se esparcía por todas partes, hizo brillar las lanzas y los escudos de los hombres que iban a entrar en combate.

Galoparon los caballos fustigados por los caballeros y bien pronto las lanzas y los escudos entrechocaron.

Un fragor infernal se extendió por todo el campo de batalla y al ruido de las armas se añadieron las lamentaciones de los soldados heridos.

El Cid Campeador, que iba a la vanguardia de las tropas castellanas, se adentró con un puñado de valientes entre las filas enemigas, consiguiendo abrir una brecha en la formación de los leoneses.

Los partidarios de Alfonso, e incluso el propio rey de León, ante esta arremetida, retrocedieron asustados hasta un templo que se encontraba en la llanura.

Fue precisamente allí donde el Cid, asediando aquel templo sin dar tregua a sus enemigos, consiguió hacer prisionero al mismísimo rey don Alfonso.

Cuando los dos hombres se encontraron frente a frente, Alfonso dijo al Cid:

—¿Te atreves a levantar tu espada contra mí, que he sido tu compañero de juegos en la infancia? ¿Contra mí, Alfonso VI, hijo de Fernando I, que tanto bien te hizo…?

—Sirvo a mi rey, don Sancho. Mi lealtad hacia él me obliga ahora a olvidar cariños particulares y recuerdos de niñez. No levantaré mi espada contra vos, pero he de haceros prisionero.

Dicho lo cual, Rodrigo ordenó a sus hombres que llevasen a don Alfonso hasta las filas castellanas.

Pero esta persecución y este asedio al templo donde se había refugiado Alfonso fueron fatales para las tropas castellanas que, privadas de su líder máximo, retrocedían ante el empuje de las tropas leonesas que, ahora, enteradas de que el rey había sido hecho prisionero, todavía atacaban con mayor ahínco.

Y he aquí que, en una de estas avanzadillas leonesas, catorce caballeros leales a Alfonso consiguieron apresar al rey Sancho.

—¡Rodrigo! ¡Rodrigo! —gritaba Sancho II, llamando a su paladín.

Pero Rodrigo no estaba a su lado, ocupado en ese momento de apresar a don Alfonso.

Cuando el Cid volvió junto a las tropas castellanas y se enteró de que el rey Sancho había sido hecho prisionero, montó en cólera. Fustigó a sus caballeros y galopó más veloz que el mismísimo rayo hacia los catorce caballos que llevaban preso a don Sancho.

Llegando junto a ellos, les dijo:

> Caballeros,
> soltad a mi señor de grado,
> y yo he daros a don Alfonso,
> de quien erais vasallos.

Pero los leoneses no atendieron su petición ni tomaron en consideración la propuesta que les hacía el Cid Campeador de cambiar un prisionero por otro. Antes bien, sacando sus espadas, respondieron a nuestro héroe:

—¡Volveos en buena hora si no queréis ir prisionero con vuestro señor, al que tan gustosamente hemos apresado!

Enfureció el Cid con esta respuesta y, desenvainando su espada, no esperó ni un solo instante para arremeter ferozmente contra aquellos catorce caballeros.

Y el duelo desigual fue en verdad a muerte.

Los catorce caballeros, que tampoco eran mancos, atacaban al Cid por los cuatro costados.

Pero el valiente guerrero no solamente supo defenderse de todos ellos, sino que, después de una despiadada, desigual y larguísima lucha, logró vencer a trece de aquellos caballeros.

El que hacía el número catorce, ante tal ferocidad, salió huyendo, intentando ganar las filas leonesas donde contó, desconcertado, la desigual batalla que el Cid Campeador había tenido con sus compañeros.

Pero el rey don Sancho estaba liberado.

—¡Gracias, Rodrigo! —exclamó el monarca.

—Era mi deber, señor.

La vuelta del Cid Campeador a las filas castellanas, trayendo al rey don Sancho con él, dio tal moral y empuje a las tropas que, organizando una nueva avanzadilla, no tardaron en hacer retroceder a los leoneses mucho más allá de las fronteras de su reino.

Mientras tanto, la comitiva real volvía a Burgos llevando preso a don Alfonso VI de León. Y esta triste suerte Alfonso nunca se la perdonaría al Cid Campeador.

* * *

A partir de la batalla de Golpéjar, Castilla y León quedaron de nuevo unidos. Pero no terminaron aquí los afanes unificadores de Sancho.

Una vez coronado rey de León y después de haber enviado desterrado a su hermano al reino moro de Toledo, el primogénito de Fernando I volvió sus ojos hacia Zamora, último reducto que se resistía a sus deseos.

Pero Zamora era una plaza bien fortificada, que se alzaba a orillas del río Duero y donde doña Urraca se había hecho fuerte desafiando a su belicoso hermano.

De nuevo, el Cid, a lado de su rey, don Sancho, partió para la batalla y el asedio de Zamora.

Pero este asedio sería fatal para el rey don Sancho.

La plaza resistía y, a pesar de las desavenencias existentes en el reino de Zamora y la división de los caballeros, doña Urraca lograba mantener la plaza fuera del alcance de la ambición de su hermano.

Sin embargo, era evidente que, si el asedio continuaba, la infanta no tendría más remedio que acabar rindiendo Zamora a Sancho.

Y fue aquí donde se fraguó la traición hacia el rey, don Sancho, por parte del caballero zamorano Bellido Dolfos, a espaldas de doña Urraca.

Bellido Dolfos fue a ver al rey don Sancho en son de paz y le confió que en Zamora existía una puerta secreta cuya existencia solamente él conocía. Sancho podría entrar por aquella puerta y tomar Zamora sin derramamiento de sangre. Solamente quería que le prometiera el perdón para la vida de los caballeros que la habían defendido de su asedio, incluso la de doña Urraca.

Ante tales perspectivas, Sancho, olvidando toda prudencia, quiso averiguar por sí mismo si aquella puerta de que le hablaba el caballero Bellido Dolfos existía realmente y no dudó en acompañar al zamorano hasta las propias murallas de la ciudad.

Y allí, a traición, fue donde Bellido Dolfos hirió a don Sancho de muerte.

Cuando el Cid, enterado de la imprudencia de su rey, llegó junto a Sancho, este ya estaba agonizando. Y, a pesar de que el Campeador persiguió al traidor montando en su caballo Babieca, no logró darle alcance, pues cuenta la leyenda que en ese momento Rodrigo Díaz de Vivar no llevaba calzadas las espuelas y no pudo excitar suficientemente a su caballo para caer sobre el asesino.

El Cid lloró amargamente no solo la muerte de su rey, sino también la muerte de su amigo.

Jimena no tuvo el valor de matar a su esposo en la noche de bodas porque...
... donde residen amores...
Pero la buena estrella del Cid se apagaría con los terribles sucesos posteriores...
¡Lo han matado en una emboscada!
¡Han matado al rey Sancho!

Y he aquí que, con esta muerte inesperada, la suerte del Cid Campeador iba a cambiar completamente de rumbo.

Alfonso, el segundo hijo del rey Fernando I, se proclamó, con la desaparición de su hermano, heredero absoluto de los reinos de León, Castilla y Galicia.

Este hecho convirtió a Alfonso en uno de los principales sospechosos de haber participado en el asesinato de Sancho II, llevado a cabo por la mano traicionera del caballero Bellido Dolfos, pero partiendo de un complot fraguado en el interior de Zamora.

Los caballeros castellanos, que sabían las conexiones que Alfonso, desde Toledo, mantenía con su hermana Urraca y la corte de Zamora, no estaban dispuestos a cederle el trono sin que Alfonso jurase no haber tenido nada que ver en la muerte de su hermano. Cuando este llegó a Burgos, en vez de ser aclamado por la corte como él esperaba, se encontró con los rostros serios y severos de los caballeros castellanos, dispuestos a tomarle juramento, presididos por el Cid Campeador, como el caballero de más prestigio en todas las tierras castellanas.

Hemos de advertir que esta práctica del juramento era perfectamente legal para que un monarca, en caso de muerte violenta de su antecesor, pudiera tomar posesión del trono. Pero Alfonso montó en cólera y nunca perdonó al Cid, pues un vasallo como él no podía obligarlo a ese acto tan injurioso para su persona.

Sin embargo, en la pequeña iglesia de Santa Gadea de Burgos, se iniciaron los preparativos para la jura.

Rodrigo Díaz de Vivar, en pie y con una cruz en la mano, esperaba al rey don Alfonso, que caminaba hacia

La muerte del rey Sancho solo favorece a su hermano Alfonso.

Tal vez él mismo esté involucrado en el complot.

Es necesario que nos aseguremos de que Alfonso no ha tenido que ver con la muerte de su hermano. ¡Cid, vos serás el encargado de tomar el juramento al nuevo rey!

él con paso trémulo, apretando fuertemente los dientes y los puños.

—Señor —dijo el Cid—, a vos os serviré con la misma lealtad que serví a vuestro hermano. Pero debéis jurar solemnemente que nada habéis tenido que ver con su muerte. Y que, si cometéis perjurio, seréis arrastrado por los moros, que os arrancarán el corazón cuando todavía estéis vivo y que os herirán en el costado siete veces hasta produciros la muerte. ¡Jurad, mi buen rey!

Pero Alfonso nada dijo y, desafiante, miró al Cid.

—¡Jurad, mi rey, y posteriormente seré yo el que me postre ante vuestras plantas para juraros lealtad y obediencia, prometiéndoos defender vuestra vida con la mía si fuera necesario! ¡Jurad, don Alfonso!

El rey levantó la mano, la posó sobre la cruz que sostenía el Cid y con voz grave juró.

Un clamor de entusiasmo se extendió por la iglesia: el rey don Alfonso era aclamado como el nuevo rey de Castilla, León y Galicia.

Pero, a pesar de la alegría del momento, el corazón del rey estaba lleno de odio, de rencor y de enemistad hacia el Cid Campeador.

Odio, rencor y enemistad que fueron alentados por los nuevos favoritos del rey que veían en el Cid Campeador un competidor difícil de neutralizar.

Odio, rencor y enemistad que fueron aprovechados por el nuevo alférez de Castilla, García Ordóñez, que prefería tener al Cid Campeador lejos de sí y, desde luego, lejos de su soberano Alfonso VI.

Por eso, cuando el Cid, después de tomar el solemne juramento al nuevo rey, se postró ante sus plantas para

prometerle obediencia y lealtad, este, volviendo la espalda
a su vasallo, le dijo:

¡Muy mal me conjuras, Cid!
¡Cid, muy mal me has conjurado!
Porque has tomado la jura
a quien has de besar la mano.

¡Vete de mis tierras, Cid,
mal caballero probado,
y no vengas más a ellas,
desde este día en un año!

Le miró el Cid desconcertado, pero comprendiendo
la lucha que se había entablado en el corazón de su anti-
guo compañero de juegos de la infancia. Saludándole
respetuosamente, repuso a su vez:

Me place el complacerte,
me place de muy buen grado,
por ser la primera cosa
que mandas en tu reinado.
Por un año me destierras,
yo me destierro por cuatro.

Así, en la pequeña iglesia...
¡Jurad que nada tenéis que ver...
¡Lo juro, Cid!
¡Vete de mis tierras, Cid! ¡Te condeno al destierro!
Si esa es vuestra voluntad...

# CAPÍTULO V

Desde que Alfonso VI subió al trono de Castilla, la estrella del Cid Campeador cambió de rumbo.

Ya hemos dicho que Rodrigo tenía nuevos enemigos en la Corte, y el rey les prestó oídos porque también había acumulado contra él, al cabo de los años, muchos resentimientos.

Por eso, por medio de una carta, Alfonso notificó al Cid su deseo de que abandonase su reino.

Gran pesar tuvo Rodrigo cuando recibió aquella carta en la que se le concedían solo nueve días para poner en orden sus asuntos y abandonar las tierras de León, Castilla y Galicia.

Tristemente, Rodrigo convocó a sus deudos y vasallos y les habló de esta manera:

—El rey me destierra por un delito que nunca he cometido. Sin embargo, forzoso me es acatar su mandato. Y en esta hora de pesar quiero saber cuál de vosotros está dispuesto a desterrarse conmigo.

Después de un silencio, prosiguió:

—A los que me acompañen, que Dios les bendiga. Y a los que quieran quedarse aquí, me despediré de ellos como un amigo.

Uno de los presentes, Álvar Fáñez, que por más señas era primo del Cid, le contestó:

—Con vos iremos, Cid, por yermos y poblados. A vuestro lado estaremos mientras nos quede una gota de aliento. A vuestro servicio hemos de acabar nuestros caballos, nuestro dinero y, si es preciso, nuestras fuerzas. ¡Siempre seremos vuestros leales vasallos!

—¡Gracias, amigos, por vuestra lealtad! Y, ahora, dispongámonos a abandonar Vivar y también Burgos.

Trescientos caballeros acompañaron a nuestro héroe a su destierro. Y, antes de que perdiera completamente de vista a su pueblo, con los ojos llenos de lágrimas, contempló por última vez las abiertas puertas de su casa, las tierras donde creció, los campos donde se hizo hombre.

—¡Ánimo, Álvar Fáñez! —dijo a su primo—. ¡Un día hemos de volver a Castilla con toda honra!

Y la triste comitiva se puso en marcha abandonando Vivar. Bien pronto atravesaron Burgos.

A pesar de la prohibición del rey de que nadie diera cobijo y alimento al Cid, las órdenes reales no pudieron evitar que la gente le aclamase a su paso y también llorase por su desgracia, de esta manera:

—¡Oh, Dios! ¡Qué buen vasallo si tuviera buen señor!

Ya a la salida de la ciudad, tristes y pobres, pues las órdenes reales les impedían llevar con ellos las riquezas que poseían, quisieron hospedarse en un albergue del camino. Pero las puertas estaban cerradas a cal y canto. Fueron inútiles los requerimientos que hacía el Cid para que les abrieran la posada.

Por fin, a sus gritos, acudió una niña que mirándole tristemente le dijo:

—¡Oh, Campeador, que en buena hora ceñiste espada! ¿Por qué insistes en llamar a la puerta de mi

Algún día vol-
veré a Castilla.


Así fue que el Cid, con
trescientos de los suyos,
salió para el destierro.

casa…? ¿Acaso no sabes que el rey ha prohibido darte albergue y alimentos? ¿Por qué quieres atraer la desgracia sobre mi hogar?

La miró el Cid tristemente y, después de un silencio doloroso, dio la orden de emprender la marcha.

Así, aquella noche, él y sus hombres tuvieron que acampar en el arenal a orillas del río Arlazón.

Sin embargo, no todos abandonaron al Cid en su desgracia. Un cumplido burgalés llamado Martín Antolínez le dio comida y bebida para él y los suyos, no desobedeciendo las órdenes reales, ya que nada le vendió, sino que todo lo que le entregó era suyo.

El Cid, agradecido, le dijo:

—Martín Antolínez, caballero de valiente lanza, os juro que, si Dios me concede vida, os he de doblar cuanto ahora me prestáis. Ya que el rey nada quiere darme por las buenas, he de procurarlo por la fuerza por los que me acompañan.

Poniendo en práctica una idea que se le había ocurrido, el Cid mandó llenar dos lujosos cofres claveteados con las arenas del río Armazón.

—Tomad esas arcas, mi buen Martín Antolínez, y llevadlas en mi nombre al castillo de los judíos Raquel y Vidas. Decidles en nombre mío que el rey me destierra y que no puedo llevar conmigo toda mi fortuna. Por eso, prefiero empeñarla por seiscientos miserables marcos para que ni moros ni cristianos puedan dar con ella. Que la guarde en mi ausencia y yo le prometo que he de pagarle unos intereses muy altos si en un año me prometen no tocar esas arcas ni abrirlas para nada. —Martín Antolínez le miraba maravillado—. Bien sabe Dios que me veo forzado a hacer esto en contra de mi voluntad. Pero, puesto que el rey me destierra y me niega la sal y el agua, me es forzoso cuidar de mis vasallos y procurar llegar con ellos a otras tierras.

El burgalés se dirigió al castillo de los dos judíos, quienes, creyendo realizar un buen negocio y pensando que el Cid jamás volvería a Castilla, dieron los seiscientos marcos que pedía el Campeador de muy buen grado.

Realizada esta operación, levantaron las tiendas y cabalgaron a toda prisa hacia San Pedro de Cardeña, donde el Cid debía encontrarse con su esposa.

Cantaban ya los gallos y comenzaba a despuntar el alba cuando el Cid y sus hombres llegaron. El buen abad, don Sancho, que le distinguió en la lejanía, corrió a dar la buena nueva, y doña Jimena salió a recibir a su esposo con cada una de sus hijas en los brazos.

Cuando los esposos se encontraron, el Cid ya no tuvo miedo de aquella mirada de odio, pues había desaparecido para siempre de sus ojos.

—¡Oh, mi Cid! —murmuraba la esposa—. Decidme qué será de nosotros. ¿Cómo podré vivir yo en tu ausencia...? ¡No me desampares!

—Mucho te amo, esposa. Pero me es obligado dejarte por mandato del rey. Nada ha de faltarte en mi ausencia, pues el abad don Sancho cuidará de ti y de mis dos hijas. Por cada marco que gaste en vuestro cuidado, yo daré cuatro al monasterio.

Y Rodrigo, volviéndose hacia el abad don Sancho, buscó su aprobación.

—Nada temáis, buen Cid, que yo cuidaré de vuestra familia como si de la mía se tratara. Id tranquilo al destierro, que entre las intrigas de vuestros enemigos todavía os queda gente fiel que procurará por vos.

Le dio las gracias el Cid mientras tomaba en sus brazos a sus dos hijas y las acariciaba tiernamente.

Mientras tanto, ese mismo día, ciento quince jinetes cruzaron un puente sobre el Armazón, preguntando a las buenas gentes cuál era el camino que había seguido el Cid Campeador.

Por seguirlo, unos habían abandonado sus casas y otros sus heredades, y bien pronto se reunieron con él en San Pedro de Cardeña.

Cuando vio el Cid que su compañía aumentaba, se llenó de júbilo su corazón y salió a recibirles a caballo.

—¡Ruego a Dios —le dijo— que algún día pueda devolveros con creces todas las heredades y casas que ahora habéis dejado por seguirme!

Pero, aunque la compañía de su esposa le era muy grata y la hospitalidad del abad don Sancho desinteresada, obligado era dejar aquellas tierras, pues el plazo que el rey había dado a Rodrigo terminaba. El Cid Campeador habló a sus hombres de esta manera:

—Oíd, varones, y tened presente lo que debéis hacer: en cuanto cante el gallo, mandad a ensillar vuestras cabalgaduras. Después de oír la misa en San Pedro, comenzaremos a cabalgar, porque el plazo termina y hay que caminar mucho todavía.

El Cid y sus vasallos, antes de que despuntase completamente el nuevo día, dejaron San Pedro, unos con gozo y otros con pesar.

De estos últimos era el Cid, que no podía apartar de su mente la desconsolada mirada de su esposa.

Algunas horas más tarde, el Cid abandonaba las tierras de Castilla.

*  *  *

Por la noche atravesaron la sierra y, en medio de un bosque tupido y maravilloso, mandó el Cid a parar para dar cebada a los caballos y reposo a los hombres.

Sin embargo, manifestó su deseo de cabalgar de noche para no ser apercibido por nadie. Su plan era caer sobre Castejón de Henares, localidad que estaba ocupada por los moros, y conquistarla.

Álvar Fáñez le aconsejó que se quedase en retaguardia con cien hombres, mientras él, con doscientos más, caía sobre la ciudad.

—Me parece bien vuestro plan, Álvar Fáñez, y creo que, con la ayuda de Dios, saldremos bien de esta empresa. Llevad con vosotros a los caballeros Álvar Álvarez y Álvar Salvadores, valientes lanzas, y arremeted con osadía. ¡Que no os haga el miedo perder la presa…! Yo me quedaré a la retaguardia, pero, si ocurriese algo en la vanguardia, presto mandadme aviso que acudiré en vuestro socorro.

—¡Gracias, Cid!

Toda la noche estuvo el Cid con sus hombres cabalgando para emboscarse después y poner cerco a Castejón.

¡Y cuán bello despuntó el día aquella mañana!

Los vecinos de Castejón, sin sospechar nada, se levantaron y abrieron sus puertas para acudir a sus trabajos.

Muy poca gente quedó en Castejón y las puertas se dejaron sin guardar…

El Campeador abandonó entonces su escondite y cayó sobre la localidad por sorpresa.

Los pocos soldados que guardaban la ciudad, viendo venir a tanta gente cabalgando, abandonaron la defensa y el Cid Campeador pudo entrar por la puerta franca sin que nadie le opusiera ninguna resistencia, con la espada en alto.

Los caballeros de la ciudad corrieron hacia él dispuestos a pagar el botín correspondiente al vencedor.

En Castejón, ganó el Cid Campeador para sus hombres oro, plata, ganado y propiedades.

Mientras tanto, los doscientos de vanguardia, habiendo atravesado la ciudad, galopaban hasta Alcalá, donde conquistarían la ciudad en nombre del Cid Campeador.

Pero no solamente Alcalá cayó en manos de los cristianos. La enseña de Álvar Fáñez se paseó desde Henares hasta Guadalajara, conquistada la tierra para su señor.

Con todo lo ganado y con la obediencia y la pleitesía de los gobernadores moros, Álvar Fáñez volvió a Castejón a reunirse con el Cid.

—¿Sois vos, Álvar Fáñez...? ¡Venid a mis brazos, pues la victoria ha sido nuestra!

—¡Mio Cid, he conquistado Alcalá y Guadalajara para vos! ¡Aquí os traigo todo lo ganado!

—Juntemos lo mío con lo vuestro, Álvar Fáñez, y la quinta parte de todo lo ganado será tuyo. ¡Tan contento estoy de vuestras victorias!

—Mucho agradezco esa quinta parte que me ofrecéis, ilustre Campeador, con la cual hasta el propio rey Alfonso se diera por bien pagado. Pero yo no quiero nada para mí. A vuestro lado he de luchar hasta que la sangre me chorree por el codo para recuperar los territorios cristianos. Mi lanza y mi espada siempre han de estar al servicio del Mio Cid.

—¡Gracias, amigo mío! —respondió el Cid—. Reunamos, entonces, todo lo ganado y que se reparta el botín equitativamente entre todos los hombres. Que de alguna manera he de agradecerles su lealtad hacia mí.

Se cumplieron las órdenes del Cid y a cada combatiente le tocó cien marcos de plata.

—Y, ahora, ¿qué pensáis hacer? —le preguntó Álvar Fáñez—. ¿Acaso instalaros en estas tierras como dueño y señor como corresponde al derecho de conquista…?

—No, Álvar Fáñez… No haré eso. Estamos demasiado cerca de Castilla y las mesnadas del rey Alfonso pueden venir a buscarnos.

—Podéis combatir contra él. ¡Él os ha desterrado! ¡Y seguro que le venceríais!

—¡Nunca lucharé contra mi rey! ¡Prometí obediencia al rey de Castilla y mantendré con honor mi palabra! ¡Cumpliré mi deber para la corte cristiana durante el reino de Alfonso, lo que mismo que lo cumplí con Sancho!

—Entonces, ¿qué haréis si Alfonso envía su ejército contra vos…? ¿Rendirle la ciudad…?

El Cid Campeador se quedó un momento pensativo. Después respondió:

—No. No puedo rendir la ciudad cayendo yo y todos los que me habéis acompañado prisioneros del rey. ¡Tengo otros proyectos! ¡Me pondré al habla con los caballeros más importantes de Castejón, Alcalá y Guadalajara! Encargaos vos, Álvar Fáñez, de que reciban mi mensaje. ¡Que fijen ellos el precio por el que desean recuperar la ciudad…!

Los mensajeros del Cid partieron inmediatamente.

Los caballeros de Castejón, Alcalá y Guadalajara se reunieron y, poco después, los moros ofrecieron al Cid Campeador tres mil marcos de plata.

—Me place esa proposición —contestó el Cid—. Y la acepto. ¡Saldremos, pues, de Castejón! Pero antes, amigos míos, devolveremos la libertad a cien moros para que siempre guarden buen recuerdo de mí y no me maldigan por lo que les he acarreado.

Poco después, las mesnadas del Cid Campeador abandonaban los territorios anteriormente conquistados.

Pero ya no iban pobres como antes, sino ricos y triunfantes.

# CAPÍTULO VI

El Cid cabalgaba. Sus hombres lo siguieron y, al día siguiente, llegaron a Alhama. Dejaron atrás la Hoz, Briviesca y, más adelante, Ateca.

En un otero, cerca del río Jalón, hizo construir un campamento y cavar un foso que lo rodease. Después, mandó emisarios a todas las ciudades diciendo que nadie se atreviese a cruzar aquel foso, pues aquella era la morada del Cid Campeador.

Al sonido de este nombre, los moros se pusieron a temblar, pues había llegado la noticia de sus hazañas.

Y la noticia de que el Cid estaba acampado allí se extendió bien pronto por aquellas tierras, y los señores en sus castillos decidieron pagar un tributo al Cid con tal de que este no tome sus ciudades.

El Cid Campeador tenía sus ojos puestos en el castillo de Alcocer. Sin embargo, la ciudad no se le rendía.

Fue entonces cuando el genial guerrero inventó un ardid de guerra que le haría cobrar la plaza sin gran dificultad.

Un buen día mandó a levantar todas las tiendas de sus campamentos y lanzó sus hombres al galope como si estuviera dispuesto a dejar aquel lugar para siempre.

¡Qué alegría sintieron los moros!

Las hazañas del Cid se difundieron por toda la península ibérica.
¡Por el Cid!

—¡El Cid Campeador se marcha! ¡Se le ha debido terminar la harina y la cebada…! ¡El Cid se marcha…!

Los habitantes de Alcocer sintieron la codicia en su corazón.

«El Cid se marcha derrotado», se decían. «Persigámosle ahora y, además de recuperar todo lo que le hemos pagado en tributo, será para nosotros el botín que cobraron en Castejón, Alcalá y Guadalajara».

Decididos, los moros se lanzaron a la persecución del héroe. Pero este, en un momento dado, hizo volver la enseña y lanzar los caballos hacia Alcocer, deshaciendo el camino andado.

¡Qué susto el de los moros al ver que el Cid no estaba derrotado, sino que presentaba batalla! ¡Y qué estruendo el de las armas al chocar cuando las espadas moras y cristianas se cruzaron…!

—¡A ellos, caballeros! —gritaba el Cid levantando su espada desnuda—. ¡Sin piedad ni cuartel! ¡Yo soy el Cid, al que todos llaman el Campeador!

Sí, el Cid Campeador y bien Campeador, porque Rodrigo no perdió la batalla.

Poco después, él y sus hombres tomaban posesión del castillo de Alcocer, al que desde el otero donde habían levantado el campamento estuvieron contemplando durante quince semanas de asedio.

Los moros se pusieron a temblar.

En aquella época, era costumbre muy normal que el vencedor o bien matase a todas sus víctimas, o bien las vendiese como esclavos.

Pero el Cid Campeador no hizo ninguna de estas dos cosas. Reunió a sus caballeros y les dijo:

—Nada ganamos con matar a nuestros enemigos. Propongámosles que sigan en su trabajo, en sus ocupaciones. Habrán, simplemente, cambiado de señor.

Y así se hizo en los territorios conquistados.

Pero los grandes señores moros, que habían perdido todos sus privilegios, no estaban contentos con esta solución. Enviaron, pues, un emisario al rey de Valencia, el moro Tamín, al que le decían:

—Oh, gran señor. Uno a quien llaman el Cid Campeador y que el rey cristiano, Alfonso, echó de sus tierras, se ha instalado en Alcocer quitándonos todo cuanto teníamos. ¡A ti acudimos, nuestro rey, en demanda de protección! Si no nos ayudas ahora y echas al Cid de nuestras tierras, bien pronto lo lamentarás porque será él, entonces, el que se siente en tu trono. ¡Protégenos, Tamín!

Gran pesar tuvo el rey moro cuando recibió este mensaje, y sufrió su corazón pensando que a los de Calatayud, a los de Ateca, a los Terrer y a los de toda la cuenca del Jalón bien pronto les ocurriría los mismo que a los de Alcocer si él no tomaba cartas en el asunto.

Así, pues, hizo lanzar a tres mil moros bien armados contra la frontera para que se sometieran a asedio al Cid Campeador y a sus hombres.

Frente a Alcocer, los moros levantaron sus tiendas y esperaron después de cortar el agua y la posibilidad de adquisición de todo alimento a los sitiados.

—¿Qué hacemos, Cid? —le preguntaban sus caballeros.

—Hemos venido desde Castilla —dijo el héroe— y no podemos sobrevivir si no es luchando contra el moro. Nuestras fuerzas son menos numerosas, pero nos vemos obligados a salir al campo. No obstante, que todos los caballeros cristianos den su opinión de lo que mejor conviene hacer.

En la asamblea de caballeros cristianos se decidió dar la batalla a los moros y así, abriendo las puertas de la ciudad, salieron por ella seiscientos caballeros bien armados. También salieron algunos de los moros, a los que el Cid había prestado protección, para avisar a los suyos que los caballeros cristianos se disponían a dar la batalla.

¡Con qué prisa se armaron los moros! ¡El ruido de los tambores era tan fuerte que se estremeció toda la tierra!

Mientras, el Cid daba órdenes bien precisas:

—¡Quietos! ¡Que nadie se mueva de la fila mientras yo ordene! ¡Y tú, Pedro Bermúdez, portador de mi enseña, a mi lado!

Enarbolando la bandera, este le respondió:

—Ahora verás, mío Cid, cómo tus hombres saben defender la bandera que te representa.

Espoleando su caballo, el caballero lo lanzó contra la fila más compacta de moros, que ya lo esperaban para arremeter contra la enseña. A pesar de que muchos lo atacaron a la vez, ninguno consiguió rasgar la insignia.

—¡Protegedla, por caridad! —gritó el Cid.

Los caballeros cristianos cogieron fuertemente sus escudos y prepararon sus lanzas. Después, inclinándose sobre los arzones, se lanzaron al galope con ánimo de acometer denodadamente.

—¡A ellos, mis caballeros! —animó el Campeador.

Y allí fue el fragor del ruido y de la sangre.

Las lanzas subían y bajaban rompiendo adargas, quebrantando lorigas. Los pendones blancos se tiñeron de sangre. Los moros invocaban a Mahoma y los cristianos a Santiago…

Poco después, yacían por el suelo más de mil quinientos muertos.

¡Con qué furia y destreza peleaba el Cid! Pero he aquí, que, en un momento dado, se dio cuenta de que su brazo derecho en la lucha, Álvar Fáñez, había perdido su caballo y estaba siendo atacado por los moros.

Galopó hacia él:

—¡A mi grupa, Álvar Fáñez! ¡Hoy necesito de vuestra ayuda! ¡No debéis morir, pues debemos acabar con el enemigo!

—¡Gracias, Mio Cid! —gritó el primo del Campeador, saltando sobre la grupa de Babieca—. ¡Me habéis salvado la vida!

Los moros se retiraron pronto.

Pero el Cid no les concedió cuartel. Les persiguió casi hasta Catalayud.

Con gran contento, los cristianos se dieron cuenta de que solamente habían perdido quince hombres.

Gran dolor tuvo el Cid al saber de estas muertes. Pero ahora debía ocuparse de que el botín que cobraron en el campamento que los moros abandonaron fuera repartido equitativamente.

De vuelta a Alcocer, el Cid volvió a recibir a los moros, que habían abandonado la ciudad creyendo que la victoria sería para la Media Luna. ¡Y aun ordenó que se les diera algo de lo mucho ganado!

Sin embargo, un velo de tristeza cubría los ojos del Cid Campeador a pesar de esa victoria. ¿Quizá se acordó de Castilla…? ¿Quizá de su rey que tan mal lo trató…?

¿O tal vez fue el recuerdo de los ojos de Jimena lo que hizo que la mirada del conquistador estese cubierta de tristeza?

Fuera lo que fuese, Rodrigo ordenó venir a su presencia a Álvar Fáñez, y le habló de esta manera:

—Quiero, amigo mío, que os lleguéis hasta Castilla y contéis al rey don Alfonso de mis victorias contra los moros. Quiero, además, que le llevéis como tributo, aunque a nada estoy obligado, treinta caballos, todos con sus sillas y sus arneses, y estos objetos que os entrego de plata y finísimo oro.

—¡Que me place! —contestó Álvar Fáñez.

—Después —prosiguió el Cid—, id a ver a mi esposa. Decidle que mi corazón pena con su ausencia y que, si Dios me da vida, pronto ella y mis hijas serán damas opulentas. Pagad al abad Sancho todo lo que haya gastado con ellas y aun doblad la cantidad invertida, que así he de agradecerle yo a los que tanto hicieron por mí en mis momentos de desgracia.

—Y vos ¿qué haréis? —le preguntó Álvar Fáñez.

—Yo venderé el castillo de Alcocer otra vez a los moros y me dirigiré con mis hombres a tierras de Zaragoza. ¡Id y cumplid con todo lo que os he encargado!

Antes de que despuntase el alba, Álvar Fáñez, en su caballo, galopaba hacia Burgos.

El Cid siempre salía victorioso...
¡Viva el Cid!
¡Hemos ganado el castillo!
¡Vamos a Zaragoza! No quiero que mi rey piense que he desobedecido sus órdenes o que lo enfrento.

# CAPÍTULO VII

Muchos lloraron la marcha del Cid del castillo de Alcocer… Los moros le vieron partir agitando sus manos en señal de despedida, pues había sido con ellos mejor señor que sus antecesores. Pero el Cid no volvió la vista atrás. Desde que había dejado Castilla, parecía como si su destino fuese cabalgar.

Después de sembrar el pánico por donde pasaba, sometiendo pueblos y ciudades a su vasallaje, llegó a Zaragoza, que aceptó de buen grado pagar un tributo al Cid Campeador, pues sabían bien sus moradores que de tan insigne guerrero no debían esperar ningún ultraje.

Mas la impaciencia consumía al Cid Campeador por el regreso de Álvar Fáñez, que debía traerle noticias de los suyos y de todos cuantos habían quedado en Castilla.

Por fin, no pudiendo contener por más tiempo su impaciencia, Rodrigo salió a recibir a su amigo a mitad de camino.

Qué gran contento tuvo nuestro guerrero cuando su primo llegó hasta él acompañado de más de doscientos hombres a caballo y otros muchos a pie, que habían decidido unirse a las mesnadas del Cid…

¡Qué alegría tuvo el Cid al saber de su esposa y de sus dos queridas hijas…!

Después, regocijado con tanta noticia agradable, cabalgó con sus hombres hacia Tébar.

Pero he aquí que el conde de Barcelona, Ramón Berenguer, no estaba nada contento con las incursiones que el Cid Campeador realizaba cerca de sus dominios y, temiendo que decidiera un día adentrarse en sus tierras, decidió darle batalla.

—¡Decid al conde Berenguer —dijo Rodrigo al emisario que el rey de Barcelona le había enviado—, que nada tengo en su contra y que me deje tranquilo, pues a él nada le he quitado! ¡No le atacaré si no me ataca!

Pero la advertencia del Cid Campeador no fue tomada en consideración por el conde que, al mando de innumerables hombres cristianos y moros, decidió darle batalla.

—¡Sea, pues! —dijo el Cid.

Después, dando órdenes precisas, añadió:

—¡Poned a salvo el botín y armaos con presteza! El conde Berenguer se ha empeñado en darnos batalla y vienen cuesta abajo hacia nosotros. Pero traen inseguras sillas coceras y las cinchas flojas. Nosotros tenemos buenas sillas gallegas y unas excelentes botas sobre nuestras calzas. ¡Con cien de nosotros bastamos para esas mesnadas!

Montado sobre Babieca prosiguió:

—Antes de que pongan pie en el llano, den sobre ellos nuestras lanzas y, por cada uno que ensartéis, tres sillas quedarán vacías. ¡Ahora verá Ramón Berenguer con quién ha querido medirse en los montes de Tébar!

En buena hora le fue puesto a Rodrigo Díaz de Vivar el sobrenombre de Conquistador, pues nunca perdió ni una sola batalla.

Horas después, el conde de Barcelona era el prisionero de nuestro héroe.

—¡Comed, conde! —le aconsejaba el Cid, quien había recibido en su propia tienda a su ilustre prisionero—. Que dicen que las penas con pan son menos.

—No… No comeré en todos los días de mi vida —respondía el conde—, que tal es la congoja que tengo de que me hayáis vencido.

—¡Comed, de lo contrario nunca más volveréis a ver rostro alguno ni de moro ni de cristiano!

Pero el conde Berenguer se obstinaba en su decisión y solo la depuso cuando el Cid Campeador le prometió que, si comía los alimentos que él mismo tan generosamente le ofrecía, le concedería la libertad a él y a dos de sus caballeros.

—¿Eso harías? —le preguntó el conde, incrédulo.

—¡El Cid Campeador solo tiene una palabra!

Ante esta promesa, el conde Berenguer, después de tres días de ayuno, comió con un apetito en él desacostumbrado.

Cuando la copiosa comida hubo terminado, el Cid le dijo:

—Ya os podéis marchar y os agradezco que, en vuestra osadía de presentarme batalla, tantas riquezas me hayáis proporcionado, pues llevabais con vos muchos objetos de valor. Si acaso tuvierais antojo de vengaros y me vinierais a buscar de nuevo, sabed que por segunda vez me enriquecería cobrando el botín de vuestras gentes.

—Estad tranquilo, Cid, que no pienso volver a presentaros batalla. Y, en cuanto a todo lo que me habéis arrebatado, haré la cuenta que os he pagado el tributo de todo un año.

Poco después, el conde, acompañado de sus caballeros, cabalgaba de nuevo hacia sus dominios.

Pero de vez en cuando volvía la vista atrás, pues no las tenía todas consigo de que el Cid Campeador cumpliera su palabra y no les enviase a prender de nuevo.

Mas el conde se equivocaba, pues nunca el Cid hubiera hecho una cosa así ni por todo el oro del mundo, ya que jamás cometió deslealtad alguna, según podían afirmar todos los que le conocieron, amigos y enemigos.

# CAPÍTULO VIII

Quizás las hazañas que el Cid obtenía por todas las tierras por donde pasaba no se acabarían de comprender completamente sin detenernos un momento a pensar en qué era lo que ocurría en aquellos momentos en la península ibérica.

Los moros hacía varios siglos habían invadido España en un arrollador avance del islam en el Occidente.

Ya hemos dicho, al inicio esta historia, que el Cid vino a este mundo en el tercer siglo de la Reconquista, extenso periodo en el que los cristianos se propusieron recuperar las tierras ocupadas por los moros y cuyo objetivo no se consiguió totalmente hasta el reinado de los Reyes Católicos.

Al subir al trono Alfonso VI, este monarca del reino castellano-leonés, se impuso como tarea principal ensanchar las fronteras de su reino y afirmar el señorío cristiano sobre los reyezuelos moros que, si bien poseían la tierra, se veían obligados a pagar un tributo al monarca.

La primera ofensiva de Alfonso se dirigió hacia el sur, llegando a conquistar hasta la punta de Tarifa después de someter a sitio a la ciudad de Sevilla, donde reinaba a la sazón el árabe Montamid.

Otra ofensiva parecida puso en duro aprieto a Zaragoza, que había estado pagando un tributo al Cid.

No obstante, el éxito rotundo del monarca castellano-leonés fue la conquista de Toledo, quedando establecidas en el río Tajo las fronteras de la cristiandad.

Mientras tanto, en los dominios extra españoles del islam, una nueva dinastía de origen turco ensanchaba las fronteras de la Media Luna, apoderándose del Imperio bizantino y llegando hasta Asia Menor.

La cristiandad entera se puso a temblar. A la guerra contra los infieles se añadió una tribu de frenéticos guerreros nómadas, llamados almorávides, cuyo cabecilla respondía al nombre de Yúsuf. Fue a este y a sus guerreros a quienes acudió el rey de Sevilla, Motamid, en demanda de ayuda para contener al rey Alfonso VI.

Por su parte, el rey castellano-leonés había solicitado la colaboración de Sancho Ramírez de Aragón y de los príncipes franceses e italianos para contener a los moros.

Los dos ejércitos se encontrarían en un lugar llamado Sagrajar, en la provincia de Badajoz.

En esta batalla memorable, donde los cristianos oyeron por primera vez el redoble de los tambores sobre el que atacaban los moros, Alfonso perdió todo su prestigio como adalid de la cristiandad, siendo herido y teniendo que darse a la fuga para conservar la vida.

Con esta derrota de los ejércitos cristianos, el islam reafirmó sus dominios sobre el sur y el levante de la península ibérica.

Solo un guerrero cristiano continuó batallando contra los guerreros de la Media Luna: el Cid Campeador.

* * *

Por las tierras por donde pasaba el Cid, conquistándolas, fue dejando parte de la gente que le acompañaba. Pobló, pues, de esta manera, el puerto de Alocau y se apoderó de Jérica, Onda, Almenara y, finalmente, Burriana.

Pero la vista del Cid se dirigió a levante. Hacia donde nace el sol.

En Valencia, el rey moro se puso a temblar.

¡Nueve meses duró el asedio de la ciudad y, al final, esta se le rindió!

El Cid Campeador entró triunfante en ella y su generosidad y respeto por los demás fue tal que moros y cristianos lo apreciaron siempre.

En Valencia, Rodrigo Díaz de Vivar hizo recuento de cuántos a él se habían juntado. Y su alegría fue mucha al ver que sumaban más de tres mil seiscientos soldados.

En esta alegría y en este contento, el Cid Campeador habló así a su mejor amigo, Álvar Fáñez:

—¡Quiero que volváis a Castilla y beséis al rey Alfonso la mano en mi nombre! ¡Llevadle, además, como tributo, cien de los mejores caballos que hemos ganado! Pero quiero que también le formuléis un ruego: que su gracia permita que mi familia se reúna conmigo, aquí en Valencia.

* * *

Cuando Álvar Fáñez se postró ante el rey Alfonso VI y le besó la mano, el monarca, levantando al caballero, le dijo:

—¿Qué noticias me traes de mi vasallo el Cid Campeador, cuyas victorias tanto me alegran?

—Dejé al Cid en buena hora, señor, y a vuestras plantas estoy para formularos un ruego.

—Habla —dijo el rey.

—Que permitáis que su familia se reúna con él, pues su corazón ya mucho le duele de aquella ausencia.

Alfonso, después de meditar un momento, repuso:

—Sea. ¡Que mi propia escolta dé protección a tan nobles damas en su viaje, justo hasta que lleguen a los dominios conquistados por el Cid! Una vez allí, sed vos, Álvar Fáñez, quien proteja a doña Jimena y a sus hijas.

Álvar Fáñez ya se disponía a dar las gracias al rey cuando este, deteniéndolo con un gesto de la mano, continuó:

—Y, es más, decid al Cid en mi nombre que todos aquellos caballeros que le acompañaron y a los que desposeí de sus bienes y heredades, alcanzan ahora mi perdón real. A todos aquellos que quieran ir a Valencia a servir a mi leal vasallo, yo otorgaré mi permiso de buen grado.

—¡Oh, señor! —dijo Álvar Fáñez, adivinando cuánto estas noticias alegrarían a Rodrigo.

—Id, Álvar Fáñez, en paz y socorred al Cid llevándole también mi saludo.

Álvar Fáñez se apresuró a enviar veloces mensajeros a Valencia para que el Cid Campeador supiera que su familia ya estaba en libertad y que se reuniría con él dentro de quince días.

Después, galopando velozmente hacia el monasterio donde vivían encerradas doña Jimena y sus dos hijas, se postró a los pies de la ilustre dama y le dijo:

—Oh, doña Jimena, tan añorada por el Cid Campeador. Bien pronto se acabarán vuestras penas, pues el rey ha concedido su permiso para que podáis reuniros

Valencia cayó en manos del Cid...
¡Aquí nos quedaremos, hombres de la cristiandad!
... pero nunca se envaneció y envió presentes a su rey.
El Cid os envía ricos presentes a manera de tributo, puesto que aún sois su rey...
Estoy contento con su actitud.

con vuestro esposo en Valencia. ¡Preparaos, pues, para un largo viaje!

—¡Álvar Fáñez! Nada más alegre podía oír esta mañana mi corazón que penaba de tristeza por tan larga y prolongada ausencia de mi esposo.

Esta vez, dulces lágrimas resbalaron por las mejillas de doña Jimena, que tantas había derramado ya por su esposo en el destierro.

Ya en Valencia, los caballeros del Cid Campeador se dispusieron a salir al encuentro de la familia de Rodrigo para darle protección.

* * *

Cuando, a lo lejos, el Cid divisó la comitiva, se separó de sus caballeros, impaciente, y sometió a un duro y prolongado galope a su caballo Babieca. Tal era el deseo de abrazar de nuevo a su mujer y a sus hijas.

El conquistador de tantas tierras, cuando tuvo delante de él a su familia, no pudo evitar que una lágrima asomara a sus ojos.

Doña Jimena, al verlo, se postró a sus plantas y también lloraba.

—Alzaos, doña Jimena, esposa querida… ¡Alzaos para que yo pueda ver vuestros ojos que un día tanto me cautivaron! ¡Alzaos, pues quiero que entréis conmigo en Valencia, acompañada de nuestras hijas, heredad que para vosotras he ganado…!

El Cid las condujo a la ciudad y las hizo subir al punto más alto del alcázar, para que desde allí pudieran contemplar el mar y la tierra que él había conquistado con sus hombres.

Dile al Cid que estaré ansioso de verlo después de tanto tiempo. ¡Le otorgaré mi perdón!
¡Le daré de inmediato la buena nueva!
El Cid recibió con gran contento la noticia...
¡Álvar Fáñez! ¡Ninguna noticia he anhelado tanto en mi corazón!

Y de pronto, doña Jimena vio algo en la lejanía que la sobrecogió.

—¡Qué es aquella nube de polvo que se divisa en el horizonte, esposo mío?

—Son los moros de Yúsuf, doña Jimena, que cabalgan hacia Valencia.

—¡Los moros de Yúsuf…, entonces, acaso eso quiere decir que…?

—Que pretenden arrebatarme Valencia. Pero no lo conseguirán.

Doña Jimena se echó en brazos de su esposo, sollozando.

—¡Ay de mí, he venido de tan lejos para reunirme contigo y tendrás que irte de nuevo a la guerra…! ¡Y quién sabe si esta vez te perderé para siempre…!

Así sollozaba doña Jimena, y el Cid, acariciándola, la consoló.

—No pases pena por mí, esposa mía, que acostumbrado estoy a cabalgar sobre Babieca y a vencer al moro. Saldré a la contienda a defender Valencia y volveré vencedor. Y ahora que puedo ofrecerte a ti y a mis hijas la batalla, todavía seré más valeroso. Después, dejando a doña Jimena en compañía de sus damas, se reunió con sus caballeros para preparar la batalla que debía tener lugar al día siguiente.

Los moros de Yúsuf, mientras tanto, en número de cincuenta mil, cabalgaban hacia Valencia.

Pronto se oyó el redoblar de los tambores, con lo que los hombres del islam se lanzaban a la batalla.

El Cid, acompañado de sus mejores guerreros, esperaba la acometida en perfecta formación y con un número muchísimas veces inferior al de los moros.

En un momento dado, en lugar de aguantar a pie firme la acometida del islam, el héroe se adelantó al ataque, precipitando a sus hombres sobre las filas enemigas.

Y allí fue el fragor de la sangre y las lamentaciones.

Los tambores enmudecieron y por el espacio solo se extendía el rumor de los ayes y el sonido metálico del entrechocar de las lanzas y las espadas.

Los terribles moros de Yúsuf, ante la feroz acometida de los hombres del Cid, dieron media vuelta e intentaron ponerse a salvo.

Pero el cristiano no les dio reposo. Les persiguió hasta mucho más allá de las tierras de Valencia.

La tienda de Yúsuf quedó abandonada en el campamento y el Cid Campeador ordenó que nadie la tocase, para que quedase constancia de que el terrible caudillo moro había llegado hasta él sin poder vencerlo.

Después, cuando la tienda campeó durante muchos días en el abandonado campamento, Rodrigo Díaz de Vivar la hizo recoger y se la mandó como presente a su rey natural, Alfonso VI.

# CAPÍTULO IX

Como de costumbre, Álvar Fáñez llegó hasta el rey de Castilla y León para llevar los presentes que el Cid mandaba a su soberano como tributo de la batalla ganada.

Y esta vez el monarca fue mucho más extenso en el elogio que dirigiera a Rodrigo, diciendo a Álvar Fáñez:

—¡Cabalgad hasta el Cid y transmitidle mi deseo de verlo, pues hace tiempo nuestras miradas no se cruzan!

—Pero, señor… —respondió tímidamente Álvar Fáñez, que sabía del destierro, por orden del rey, del Cid Campeador.

—Sí, ya lo sé —respondió el monarca—. Pero decid al Cid que yo le otorgo mi perdón y que nos encontraremos en el lugar que él mismo elija y en los días que quiera.

Álvar Fáñez apenas pudo pronunciar palabra. Sabía la enorme alegría que este perdón significaba para el Cid, que siempre se había visto castigado sin justicia.

—¡Volaré, mi señor, a llevar tan alegre noticia al Cid Campeador, y seguro estoy de que correrá a vuestro lado inmediatamente! ¡Él nunca os ha olvidado!

—Lo sé, Álvar Fáñez. Todos los presentes y tributos que siempre me ha otorgado me han hablado de su amor, de su lealtad y de su recuerdo. ¡Corred junto al Cid y traedme lo más pronto posible la respuesta, pues impaciente estoy de estrecharle entre mis brazos!

Pero antes de que Álvar Fáñez abandonase la corte, el rey todavía le dirigió otro ruego.

Era su voluntad que Álvar Fáñez trasmitiese al Cid Campeador su deseo de casar a sus hijas con los infantes de Carrión.

Estos dos jóvenes, de noble sangre, habían anteriormente formulado esta petición al rey, teniendo en cuenta que la fama del Campeador era mucha y no menos sus riquezas.

Los deseos de los infantes no obedecían, pues, a exigencias del corazón, ya que en todos los días de su vida no habían visto a las hijas del Cid, sino su codicia por el dinero.

Pero de todos estos íntimos propósitos Alfonso VI nada sabía, y creyó que los infantes querían emparentar con el Cid precisamente por la mucha fama de paladín de la cristiandad que este había obtenido.

Llegó, pues, Álvar Fáñez de nuevo a Valencia y transmitió al Cid los deseos reales.

—¡Qué me place! —dijo el Cid—. El perdón del rey es lo que más podía desear en esta vida a pesar de que siempre consideré su castigo injusto. Tal vez por eso siempre supe que un día podría volver a Castilla cubierto de gloria.

Álvar Fáñez lo escuchaba complacido. Después, el Cid prosiguió:

—Vuelve a Castilla, mi brazo derecho en la lucha, y di al rey de mi parte que a él como soberano le corresponde fijar el lugar y la fecha. Pero, si aun así insiste para que esa elección la haga yo, dile que me encontraré con él en cualquier lugar del Tajo. Y, en cuanto a la segunda proposición del rey, si esa es su voluntad, yo la acataré obediente. Los infantes de Carrión son de noble cuna y solo honor me conceden al desear casarse con doña Elvira y doña Sol, mis hijas, aunque todavía son cortas de edad.

Volvió el primo del Cid Campeador a la corte y la entrevista del rey y Rodrigo quedó por fin fijada.

¡Qué alegría sintió el Cid cuando abandonó su querida Valencia para ir al encuentro del rey! El corazón le latía aceleradamente, pues aquella era la más grande victoria que habría ganado en toda su vida. ¡Leal fue siempre con Alfonso y leal se le reconocería ahora!

Cuando Rodrigo llegó al lugar de la cita, el rey ya estaba allí esperándole. Había llegado con un día de anticipación, pues era gusto de él salir a recibir al Cid y acogerle en su campamento.

El Cid desmontó de Babieca y se dispuso a besar las plantas de su soberano lleno de emoción.

Pero el rey no le dejó. Tomándole del brazo le dijo:

—Alzaos, Rodrigo, de mis pies y venid a mis brazos, pues mucho habéis hecho por mí y por toda la cristiandad. Como amigo os recibo y contento estoy de otorgaros ahora mi perdón.

—Señor… —murmuró simplemente don Rodrigo Díaz, aquel que naciera en Vivar.

Después, frente a la suculenta comida que se mandó preparar, el rey y Rodrigo hablaron de los proyectos de boda para doña Elvira y doña Sol.

—Ya Álvar Fáñez me trasmitió vuestro deseo de que esas bodas se realicen y nada tengo que oponer a ellas. Si ese es vuestro deseo, majestad, yo nada objetaré. Pero tened en cuenta que mis hijas son todavía muy niñas y también que las casáis vos y no yo.

¡Os dije que algún día regresaría a Castilla! ¡Mi honra ha sido restituida!
A orillas del Tajo...
¡Señor!
¡Alzaos, Rodrigo!

—Me place vuestra obediencia, Rodrigo. Llevaros a los infantes de Carrión, que han venido conmigo hasta aquí impacientes por conocer vuestra respuesta.

—Contento estaré de conocer y llevar conmigo a Valencia a don Fernando y a don Diego, desde ahora mis yernos, para que la boda sea celebrada.

Y así quedó concertado el compromiso matrimonial de las hijas del Cid con los infantes, compromiso que no tardó en formalizarse completamente al celebrarse las bodas con toda la fastuosidad que el caso merecía.

Pero he aquí que la codicia de los infantes —que se ha visto colmada con las dádivas del Cid a la hora de las bodas— bien pronto se vio castigada, pues de nuevo los moros intentaban poner cerco a Valencia.

Esta vez fue el rey almorávide, Búcar, el que había decidido vencer al Cid y tomar Valencia.

Pero el Cid no le dio tiempo siquiera a que intentase cercar la ciudad. Salió a recibirle a campo descubierto y, tras una lucha terrible, el Cid Campeador y el rey moro se encontraron frente a frente.

—La hora maldecirás, oh, Búcar, de haber atravesado el mar para venir a buscarme. ¡Y, si me fuerzas a ello, los dos lucharemos frente a frente y te venceré si es que no quieres que pactemos amistad!

—¡Nunca! —le respondió el moro—. He venido a conquistar Valencia y será mía.

Y entonces fue cuando el Cid levantó una de sus dos espadas que tanto amaba, la llamada Tizona, y con ella en alto cabalgó hacia donde estaba Búcar.

El singular combate tuvo lugar a orillas del mar, y bien pronto el cuerpo del rey moro, que había venido de allende el mar para conquistar Valencia, rodó por el suelo partido por la mitad de un certero trajo que el Cid le propinó con su Tizona.

Volvió a Valencia triunfante, pero no contento.

Sus dos yernos, que habían ido a la batalla por petición expresa del Cid, se habían comportado tan cobardemente que el corazón del Campeador estaba entristecido. Sin embargo, intentaba consolarse haciéndose la siguiente reflexión:

«Está bien. Si hoy no han peleado bien, tal vez mañana lo hagan mejor».

Pero los infantes de Carrión, que tanto amaban los bienes y el dinero, poco amaban la guerra y las cuestiones de honor. Uno a otro se decían:

—¡Ay, hermano, hemos venido hasta Valencia para casarnos con las hijas del Cid y conseguir así una inmensa fortuna! ¡Pero si ese, nuestro suegro, nos hace volver de nuevo a una batalla, tengamos por seguro que todo lo perderemos, pues nos matarán!

Tras haber sido puestos nuevamente a prueba y decepcionar aún más al Cid, un profundo rencor comenzó a anidar en el corazón de los dos infantes. Dispuestos a todo, Diego y Femando concibieron un infame plan:

—¡Vayámonos de Valencia, hermano! —le decía Diego a Fernando—. Y pidamos al Cid que nos dé a nuestras esposas, pues hace ya tiempo que faltamos de las tierras de Carrión y las heredades requieren nuestra presencia.

—Tienes razón —le respondió Fernando—, y una vez que nos hayamos alejado de nuestro suegro, podemos vengarnos en doña Elvira y doña Sol los ultrajes que nos ha inferido obligándonos a ir a la batalla y recordándonos siempre nuestra cobardía.

Ni cortos ni perezosos, los dos hermanos solicitaron licencia al Cid para abandonar Valencia. Este se las concedió, entregándoles, además de sus esposas, muchos escudos de plata como dote de cada una de sus dos hijas. Pero también, en el momento de la partida, el Cid, emocionado, creyendo que despedía a dos verdaderos hijos, les abrazó y les dijo:

—Mucho estimo, hijos míos, a las dos espadas que siempre me han acompañado en combate: mi Tizona y mi Colada. Ahora os las entrego como regalo de despedida y pido a Dios que los dos seáis merecedores de ellas.

Los infantes las tomaron, ocultando los verdaderos sentimientos que les embargaban. Poco después, se ponían en camino con sus esposas.

También el Cid y doña Jimena vieron partir con dolor a las dos doncellas. El héroe, dispuesto a velar por ellas hasta el último momento, mandó venir a su presencia a uno de sus sobrinos, Félix Muñoz, y le dijo:

—Ve con ellos para que los protejas. Sé el mucho cariño que sientes por mis hijas y a nadie mejor que a ti podría hacerle tal encargo.

Y Félix partió detrás de los esposos.

Pero he aquí que como los infantes de Carrión habían concebido tan siniestros planes, intentando vengarse en las muchachas las afrentas que creían les había inferido el padre, se las compusieron para esquivarle.

En el robledal de Corpes detuvieron sus monturas e hicieron escarnio de las hijas del Cid. Las dos muchachas no podían comprender qué era lo que pasaba. Habían seguido a sus esposos de buen grado y, ahora, al verse así maltratadas, creían que el mundo se acababa.

De nada sirvieron sus súplicas, sus ruegos, las llamadas a la razón y a la justicia que invocaban las muchachas. Diego y Fernando les pegaban cruelmente, arrancándoles la ropa, los mantos de armiño, los lujosos vestidos, hasta que las dos adolescentes quedaron casi completamente desnudas.

Después, cuando los infantes creyeron que ya les habían dado muerte, se alejaron vilmente del lugar.

Allí quedaron abandonadas las dos muchachas, expuestas al frío y a las alimañas del bosque, y no es difícil adivinar cuál hubiera sido su fin si Félix Muñoz no las llegaba a encontrar.

—¡Ah, Cid, si estuvieras aquí! —imploraba Félix Muñoz con el corazón traspasado de dolor por el estado en el que se encontraban las jóvenes.

—¡Ah, padre nuestro! —lloraban doña Elvira y doña Sol—. ¡Cómo hubieras castigado a los culpables si llegas a ver lo que nuestros esposos han hecho con nosotras…!

La terrible villanía fue tal que no tardó en llegar a los oídos del Cid, que montó en cólera:

—¡Justicia! —clamaba el Campeador—. ¡Justicia he de pedir al rey por el ultraje que esos miserables infantes han cometido con mis hijas! ¡Justicia y venganza…!

Al recibir el rey al héroe encolerizado, proclamó:

—¡Ah, miserables infantes de Carrión, a los que yo casé con las hijas del Cid! ¡Así me pagáis la mediación que realicé con el Campeador para que este enlace se realizase! ¡Juro que se ha de hacer justicia ante toda la corte y que Diego y Fernando tendrán que dar cuentas públicamente al Cid de su comportamiento!

Alfonso cumplió su palabra. Ordenó convocar a una reunión extraordinaria de la corte en Toledo, a la cual acudieron muchos invitados de otros reinos de las Españas.

Los infantes de Carrión intentaron no acudir, pero el rey los obligó a ello.

Allí se encontraron los infames, en presencia de toda la corte, con el Cid Campeador que les pedía explicaciones.

—Señor —comenzó el Cid dirigiéndose al rey—, yo entregué a estos dos jóvenes, creyendo que podía considerarles hijos míos, mis más preciosas espadas y la dote de mis hijas. ¡Quiero que todo me sea devuelto!

Los infantes, creyendo que el Cid se contentaría solamente con la restitución de las dos espadas y el dinero, accedieron a ello. Pero, cuando las arcas llenas de oro y plata estuvieron a su lado y las dos espadas Tizona y Colada brillaron desnudas en sus manos, prosiguió:

—Bien. Me doy por satisfecho por lo que se refiere a mis bienes, pero no por lo que se refiere a mi honor. Ahora, tendrán que darme buena cuenta de su comportamiento con mis hijas.

Los infantes intentaron defenderse cobardemente alegando que ellos más bien habían ganado en honor obrando vilmente, abandonando a las hijas del Cid, pues ellos eran hijos de nobles cunas y jamás habían emparentado con infanzones.

En ese momento, se acercaron hasta el rey y el Cid Campeador dos representantes de los reinos de Navarra y Aragón, que dijeron:

—Si los infantes de Carrión no consideran a las hijas del Cid lo suficientemente nobles para ellos, nosotros

Con esta ceremonia, el Cid recuperó el cariño de su rey natural...
El Cid tendría que denunciar al rey la afrenta que habían sufrido sus hijas...
¡Justicia, señor! ¡Los infantes de Carrión han deshonrado y maltratado a mis hijas!
Recibiréis una explicación de los infantes.

solicitamos las manos de esas damas para nuestros príncipes de Navarra y Aragón. Y, si antes las humillaron, ahora tendrán que besarles las manos.

Mucho complació al Cid y al rey esta petición y las segundas bodas de sus hijas quedaron allí mismo acordadas con toda solemnidad.

Sin embargo, el Cid no podía darse todavía por satisfecho y retó públicamente a los dos infantes para que el honor de sus hijas y el de él mismo quedase completamente sin tacha.

Pero no fue el Cid quien se midió con ellos en el campo del honor. Dos jóvenes paladines representaron al Cid en este combate singular y no mataron a sus contrincantes porque estos, cobardemente, cuando se vieron tendidos en el suelo, proclamaron a voz en grito sus culpas para ser perdonados de la muerte.

Así terminó, para satisfacción de todos, aquel desgraciado acontecimiento del primer casamiento de las hijas del Cid, a las que él tanto quería.

Las segundas nupcias se celebraron con todo honor. Doña Elvira y doña Sol partieron para sus nuevos reinos.

Se quedó por fin tranquilo el Cid en sus tierras de Valencia. Al término de sus días, la paz de espíritu había renacido en él. Le había sido restituido el favor del rey, al que él siempre había obedecido por propia voluntad, ganó heredades y prestigio siendo considerado en su tiempo como el único paladín de la cristiandad, y por fin vio también a sus hijas bien casadas.

El Cid Campeador murió en Valencia, rodeado de los suyos, en el año 1099, y cuenta la leyenda que todavía ganó una batalla más contra los moros después de muerto.

El Cid y el rey aceptaron, mientras que dos paladines del Cid vencieron a los infantes en buena lid.

Sus caballeros ataron su cuerpo difunto sobre
Babieca, y los moros, a la sola presencia de la enseña
que campeaba en su pecho, huyeron despavoridos, pues
a tan alto prestigio le habían llevado sus hazañas.

Por expresa voluntad de Rodrigo Díaz de Vivar,
fue enterrado en el monasterio de Pedro de Cardeña,
al que tan vinculado estaba por haber servido este lugar
de refugio a su familia en las amargas horas del destierro.

¡Oh, amparo de los cristianos!
¡Rayo del cielo en la Tierra!
¡Azote de la morisma!
¡De la fe de Dios, defensa!
¿No sois aquel que jamás
os vieron la espalda vuelta?

Cumplidos todos sus anhelos, el Cid regresó a Valencia, donde murió en el año de 1099.
Ahora, voy en busca de mi verdadera morada. Jimena, dispón que mi cuerpo sea enterrado en el monasterio de San Pedro de Cardeña.
Después de muerto, el cuerpo del Cid era atado a su caballo...

La fama del Cid se extendió por todos los territorios de la cristiandad...

# Ahora, ¿qué me cuentas tú?

1. En la época en que está ambientada la vida del Rodrigo Díaz de Vivar se vivía en Europa un clima de tensión contra los moros. Las cruzadas fueron guerras propiciadas contra los seguidores del islam. Haz una pequeña investigación sobre cuántas cruzadas se efectuaron.

2. Ahora que sabes sobre las cruzadas, ¿qué personaje te llamó más la atención? Hubo reyes involucrados en estas gestas, héroes, monjes, etc., de quienes tal vez quieras hablar. Busca una imagen o dibuja a este personaje para que lo presentes en la clase y digas por qué te impactó.

3. Tizona y Colada eran las espadas del Cid. Babieca era su caballo. ¿Qué otras espadas y caballos son famosos en la historia? Haz un pequeño listado.

# Actividades en grupo

- Seguramente ya todos conocen nuestras iglesias coloniales. Aunque fueron construidas con tendencias de arte español, estas aún guardan ciertos elementos que pertenecen a la cultura mora. Organicen una excursión o paseo para visitar estos monumentos y enterarse, así, de qué rasgos del arte moro aún conservamos.

- Consigan la película *Cruzadas* y véanla todos juntos. Luego de ver la película, relacionen su historia con la del Cid. ¿Se parecen los personajes, los escenarios y las acciones? ¿Qué diferencias encuentran?

- En aquella época, la razón de que los moros fuesen expulsados y se los combatiera era que profesaban otra religión. Hoy en día, aún tenemos problemas porque la gente sigue distintos credos. Armen una mesa redonda de discusión y conversen sobre el tema de la intolerancia religiosa. Pueden citar otros ejemplos para que la discusión sea más nutrida. El profesor o profesora hará las veces de moderador.

# ÍNDICE